REVUE D'ÉCONOMIE CHRÉTIENNE

ANNALES DE LA CHARITÉ

ÉCONOMIE CHARITABLE, LITTÉRATURE, HISTOIRE, SCIENCES MORALES, BIBLIOGRAPHIE, PHILOSOPHIE SOCIALE, ETC.

Les *Annales de la Charité*, REVUE D'ÉCONOMIE CHRÉTIENNE, paraissent, EN L'ANNÉE **1862, six fois** EN LIVRAISONS DE 192 pages RAISIN :

Les 28 Février, — 30 Avril, — 30 Juin, — 31 Août, — 31 Octobre — et 31 Décembre.

Formant PAR AN un beau vol. de 1152 PAGES.

PRIX DE L'ABONNEMENT :

PARIS	DÉPARTEMENTS
PRIX	FRANCO
Pour l'année . . . . . . 10 fr.	Pour l'année . . . . . . 12 fr.

Chaque Livraison, 2 fr. 50. — Par la poste, 3 fr,

ÉTRANGER (EUROPE) *franco*, pour l'année. . . . . . 15 fr.

NOTA. — Pour la RUSSIE et l'AUTRICHE, la poste ne reçoit les affranchissements que jusqu'à la frontière ; le prix est donc de 15 fr. par an, les frais de poste en sus.

PRIX DES COLLECTIONS

COLLECTIONS COMPLÈTES, PREMIÈRE SÉRIE (1845-1859), 15 ANNÉES, *net :* 130 fr.

VOLUMES SÉPARÉS { Pour les années antérieures à 1855, *net :* . . . 9 fr.
{ Pour les années postérieures, jusqu'en 1860, *net :* 7 fr. 50.

Tout ce qui concerne la RÉDACTION et l'ADMINISTRATION doit être adressé *franco* au bureau de la Revue, rue Cassette, 29.

Les manuscrits qui sont remis à la Rédaction ne sont pas rendus.

La reproduction des travaux de la Revue, sans une autorisation préalable, est interdite.

AVIS AUX ABONNÉS

QUI NE RECEVRAIENT PAS EXACTEMENT LEURS NUMÉROS.

Les abonnés de Paris, servis directement par l'Administration des *Annales de la Charité*, doivent faire leur réclamation *franco* dans les huit jours des époques ci-dessus indiquées.

Les abonnés des départements, servis par la poste, doivent s'adresser au directeur de la poste du bureau de destination, dans le même délai ; plus tard, aucune réclamation ne pourrait être admise.

ON SOUSCRIT A PARIS

à la Librairie d'ADRIEN LE CLERE et Cie, r. Cassette, 29.

(851) — PARIS. IMPRIMERIE ADRIEN LE CLERE, RUE CASSETTE, 29.

LA CONFESSION

DU

VETTURINO

SOUVENIR D'UN VOYAGE EN ITALIE

PAR

M. EDMOND LAFOND

EXTRAIT DE LA REVUE D'ÉCONOMIE CHRÉTIENNE

PARIS

IMPRIMERIE ADRIEN LE CLERE

RUE CASSETTE, 29, PRÈS SAINT-SULPICE.

—

1862

LA CONFESSION

DU VETTURINO

I

Tu l'as vu, ce ciel enchanté
Qui montre avec tant de clarté
Le grand mystère ;
Si pur, qu'un soupir monte à Dieu
Plus librement qu'en aucun lieu
Qui soit sur terre.

Alfred DE MUSSET.

Avant les chemins de fer et les révolutions, il y avait, selon nous, une délicieuse façon de voyager en Italie : c'était de prendre un voiturin à petites journées ; on y trouvait tous les avantages pittoresques du voyage à pied, moins la fatigue ; on cheminait et on s'arrêtait à sa volonté, comme si l'on avait eu sa voiture et ses chevaux, et l'on avait en moins les soucis de la propriété, et l'ennui de s'occuper des menus détails de la route ; le *vetturino* vous les épargnait tous, en se chargeant à forfait de vous *effrayer* tout le long du chemin, comme disait le conducteur de M. d'Estourmel. Il voulait dire *défrayer*, et croyait parler français. Mais le voiturin sera bientôt un mythe, comme le postillon. Pour moi, je me félicite d'avoir pu parcourir de cette manière toute l'Italie, si pittoresque et si intéressante en sa diversité, avant que l'on ait essayé d'en faire un empire italien.

Pour revenir de Naples à Rome, nous avions trouvé un excellent *vetturino*, nommé Angelo Attilli : c'était un Romain qui possédait une grande berline peinturlurée en rouge et en jaune, attelée de quatre bons chevaux noirs, armés de grelots et pomponnés comme des mules espagnoles. Il avait grand soin de ses chevaux, qui étaient son gagne-pain, et il me disait souvent en inspectant leur râtelier, que l'œil du maître engraisse le cheval : *L'occhio del signore ingrossa il cavallo.* Angelo avait une bouche intarissable et bourrée de proverbes, comme celle de Sancho Pança.

« Voyez-vous, seigneur, me disait-il, qui a une langue et de bons chevaux, va à Rome : *Chi lingua ha e buoni cavalli a Roma va.*

— Fort bien, lui dis-je, mais en France nous avons un proverbe qui dit :

> Jamais cheval ni méchant homme
> N'amenda pour aller à Rome. »

Je montais parfois sur le siége pour causer avec Angelo, après lui avoir donné un cigare. Je lisais à ses côtés la *Jérusalem*, et je lui disais qu'il avait l'adresse de l'enchanteur Ismen emportant sur son char Soliman blessé :

> Le briglie allenta, e con maestra mano
> Ambo i corsieri alternamente flede (1).

Angelo goûtait la poésie du Tasse. Qu'aurait dit un de nos postillons si je lui avais cité du Racine ? Aurait-il seulement compris ces vers de *Britannicus ?*

> Pour toute ambition, pour vertu singulière,
> Il excelle à conduire un char dans la carrière.

Nous fûmes si contents d'Angelo Attilli, que nous le reprîmes pour nous conduire de Rome à Lorette, à travers cette belle partie des Etats Romains qui était alors si calme encore et si heureuse sous le sceptre paternel du Pontife-Roi.

Après Foligno, nous nous engageâmes dans la chaîne des Apennins, et, pour gravir ces montagnes, Angelo fut obligé d'adjoindre des bœufs à ses chevaux. Il poussait un soupir de satisfaction chaque fois qu'il était parvenu, avec son attelage, à retrancher de l'Apennin une de ses longues côtes, comme dit le poëte latin :

> Et costam longo subduximus Apennino.

En traversant le défilé sauvage de Serravalle, le *vetturino* me

____

(1) Il saisit les rênes, et, d'une main de maître, il presse tour à tour les deux coursiers.

(Jérusalem délivrée, Chant X.)

dit tout à coup : « C'est ici qu'un mien *compadre* (compère) a dépouillé une famille anglaise que je menais à Lorette. »

A ces mots, je regardai Angelo avec un étonnement mêlé d'une certaine méfiance.

«Oh ! n'ayez pas peur, *signor*, me dit-il en souriant, si nous voulions vous en faire autant, je ne vous le dirais pas d'avance. Mais ne craignez rien : nous avons promis à la Madone de Lorette de ne jamais plus recommencer. »

Je pressai Angelo de me raconter cette histoire, et il me fit ainsi sa confession, qui va perdre beaucoup à passer dans notre langue, privée des mots pittoresques, et surtout des gestes, qui sont la moitié de l'éloquence d'un Italien.

II

> Quand les Anglais sont en route, leur voiture est comme un morceau détaché de leur île qui voyage avec eux.
>
> WASHINGTON IRVING. — *Contes d'un voyageur.*

C'était l'année où le diable avait chassé de Rome *la Santità di nostro signore Pio Nono;* c'était comme si le bon Dieu s'en fût allé; Rome était aussi triste que Pompeia; plus de pape, de cardinaux, de prélats, d'aumônes, de bénédictions : partant, plus de pèlerins ni d'étrangers. Marchands, artistes, loueurs d'appartements, hôteliers, *vetturini, tutti quanti,* nous mourions de faim. J'allai à Naples pour essayer de gagner ma pauvre vie, mais, *per Baccho!* je n'y fus pas plus heureux. Je restai un mois sans pratiques, endetté à l'*osteria*, et sur le point de vendre mes chevaux; j'allais être réduit à tirer ma voiture avec les dents (1).

Enfin, un soir à la Mergellina, mon compère Mercatello me cherche et me dit : « Je sais un Anglais qui désire un *vetturino pittoresco*. Tu feras son affaire; mais hérisse ta barbe, mets tes cheveux en broussailles et achète un chapeau calabrais. »

Ainsi costumé, je fus conduit le lendemain à l'hôtel Vittoria, et

____

(1) Les Italiens disent des gens auxquels nous appliquons misère et vanité ou luxe et indigence, qu'ils tirent leur carrosse avec les dents : « *Tiranno la carozza coi denti.* »

on me montre un gros *signor* rouge de teint et de cheveux, magnifiquement vêtu d'une culotte noire et d'une cravate blanche.

Je me précipite pour lui baiser la main; le *compadre* m'avertit à temps que ce n'était pas *milordo*, mais seulement son valet de chambre.

« Si le valet est si beau, pensé-je, que doit être le maître? »

L'*Inglese* parut enfin; il était maigre comme mon fouet, et portait une veste de voyage bariolée de rouge et de vert, qui lui donnait l'air d'un perroquet. Décidément, le valet me parut plus *gentiluomo* que le maître.

L'Anglais me regarda cependant d'un œil assez doux; il prit avec sa canne la mesure de mes épaules, et s'écria avec satisfaction que j'avais la carrure de *l'Hercule Farnèse*; il fit appeler sa fille, pour m'examiner comme un âne à la foire. La jeune Anglaise était, ma foi, bien jolie, malgré sa peau trop blanche et ses cheveux trop pâles. On l'appelait Éva, comme notre grand'mère à tous. Elle me regarda en riant et me demanda mon nom.

« Angelo Attilli.

—Papa, il se nomme Attilli, c'est l'*Attilius* latin; c'était le prénom de Régulus. Peut-être est-il un de ses descendants.

— C'est très-possible, dit gravement le père. La chronique prétend que le général romain eut une fille à Carthage. Ce garçon a tout à fait le type carthaginois.

—Prenons-le, papa, prenons-le; ce sera charmant de faire son portrait et de le montrer à mes amies comme le descendant d'un héros de l'antique Rome.

—Puisque tu as le bonheur de plaire à ma fille, je te prends, à condition que tu t'appelleras désormais Régulus, ainsi que le grand homme dont tu descends.

—Comme il plaira à Votre Excellence; mais je voudrais bien savoir quel était ce Régulus, dont il faut que je descende.

—N'es-tu pas Romain?

— *Si, signor.*

—Eh bien! tu dois savoir que Régulus était, comme Cincinnatus, un soldat laboureur qui cultivait son champ dans l'intervalle des batailles.

—Mes ancêtres ont bien pu tenir la charrue, quoique mon aïeul m'ait dit que de père en fils nous étions *vetturini*, depuis le temps des Troyens.

—Sache donc que Régulus avait un champ de sept arpents à Pupinium; tandis qu'il était proconsul en Afrique, le fermier de son champ mourut, et le valet de ferme disparut avec les bœufs et les instruments de labourage.

— Pareille aventure a bien pu arriver à quelqu'un de mes aïeux.

— Régulus écrivit au sénat que si son champ restait en friche, il ne pourrait plus nourrir sa femme et ses enfants. Il demanda à quitter son commandement pour reprendre la charrue.

— C'est tout simple, j'en aurais fait autant : il faut bien vivre. Et que répondit le sénat?

— Le sénat romain ordonna que le champ de Régulus serait cultivé aux frais de la République.

— *Per Baccho!* Il y avait donc aussi en ce temps-là une république à Rome! Valait-elle mieux que celle d'aujourd'hui? Mais tout va bien, puisque Votre Excellence me prend à son service.»

Éva battit des mains dans la joie d'être menée par moi (1), et il fut convenu que je les conduirais à Rome, puis à Lorette, Ancône, Bologne, jusqu'à Padoue, où ils devaient prendre le chemin de fer de Venise.

Nous partons le lendemain. On mit près de moi sur le siége une grande femme maigre, avec un nez rouge comme le Vésuve en éruption. C'était la gouvernante d'Éva.

Elle parlait assez facilement l'italien, mais avec un si rude accent que j'en sautais sur mon siége. Elle m'apprit que son maître était ministre.

« Oh! oh! m'écriai-je, je ne m'en serais pas douté. Ministre du roi d'Angleterre?

— *Oh! no!* c'est comme qui dirait ici curé.

— Quoi! Signora, chez vous les curés se marient, et ils passent ainsi des hivers à courir le monde avec leurs enfants? Que disent à cela leurs paroissiens?

— Oh! rien du tout; au contraire, ils aiment beaucoup que leurs ministres aillent se promener. »

Ce curé anglais avait bourré ma pauvre voiture de livres et de brochures; c'était tout une boutique de libraire. La gouvernante m'apprit qu'il voyageait en Italie dans le but de nous convertir tous au *pur Evangile.* Elle-même était un ministre en jupon, et me prêchait sur mon propre siége. Elle me donna à lire des *libretti* de sa secte, traduits en italien; mais voyant que j'en fai-

(1) Si miss Éva était si glorieuse d'être conduite par un Régulus, qu'aurait-elle dit si, comme nous, elle avait eu un Annibal pour franchir les Alpes? Nous avions pris à Milan un *vetturino* parmesan qui s'appelait *Annibaldi.* Fort d'un pareil nom, il entreprit de nous faire passer le Splugen à l'aide des trois plus méchantes rosses de toute l'Italie. La jument de l'*Orlando Furioso* était pleine de vie auprès de ces trois squelettes de chevaux. Annibaldi faillit nous laisser dans les neiges; jamais homme ne me fit faire plus de *sang vert,* comme disent les Italiens : *M'ha fatto fare il sangue verde.*

sais un tout autre usage, elle prit le parti de m'en lire un elle-même avec une louable persévérance. Mais c'eût été parole d'É-vangile, que j'eusse bâillé tout de même, tant c'était ennuyeux, et puis sa prononciation était si terrible, que je me bouchais les oreilles. Oh ! qu'elle me fut *seccatrice !* jusqu'à mes pauvres che-vaux, qu'elle trouvait trop bons catholiques, parce qu'un jour, à une descente, ils tombèrent à genoux devant une image de la Madone qui bordait la grande route !

En passant à Gaëte où était alors Pie IX, elle eût voulu s'arrê-ter, me dit-elle, pour voir le pape et vérifier s'il n'avait pas un pied de bouc (1). Nous arrivons à Rome, que je retrouve comme je l'avais laissée, veuve de son pape, et en proie aux bri-gands de toutes les nations. Mon Anglais, sa fille et sa gouver-nante étaient dans la jubilation ; à Naples, ils avaient crié contre le roi *Bomba ;* à Rome, ils se réjouissaient d'avoir renversé le roi *Pio.*

« Plus de pape, s'écriaient-ils, plus de papisme ! c'en est donc fait. L'Italie est à nous ! » A quoi je leur répondais : « *Pazienza ! vediamo un poco !* le pape a la vie dure ! »

Pendant plusieurs jours, je les promenai dans Rome à quatre chevaux, comme des cardinaux, ou plutôt à la place des cardi-naux, puisqu'en ce temps-là il n'y en avait plus.

Enfin nous partons pour Lorette. A peine arrivés à Civita Cas-tellana, la gouvernante déclare qu'elle ne veut pas se coucher avant que je ne lui aie montré les ruines de l'école des Falisques.

« *Chè diavolo è questo ?*

— Quoi ! me dit-elle, vous êtes Romain, vous prétendez des-cendre de Régulus, et vous ignorez un des faits les plus dramati-ques de l'histoire romaine, un fait qui s'est passé ici même, à *Falerii,* aujourd'hui Civita Castellana !

— Eh bien ! qu'est-ce que c'est ?

— *Falerii* était la capitale des Falisques ; le maître d'école de ce peuple eut l'infamie de trahir sa patrie, et de livrer ses *pupils* en ôtage au général romain. Quelle horreur ! ce misérable a déshonoré notre profession.

— Et pourquoi alors voulez-vous voir ces ruines, qui vous rap-pelleront cette horreur ?

(1) Ceci n'est pas une plaisanterie du *vetturino.* Dans ses *Souvenirs sur les quatre derniers Papes,* le cardinal Wiseman raconte qu'une Américaine, imbue du même préjugé, eut une audience de Léon XII, et regardait furtivement les pieds du Pape cachés par les plis de sa soutane. Léon XII eut pitié de son embarras et daigna sou-lever un peu sa robe, pour lui prouver que le Souverain Pontife avait un pied comme tout le monde.

— Les horreurs me plaisent. »

Pour m'en débarrasser, je la menai voir les restes d'un vieux four démoli au coin de la rue voisine ; elle a pris cela pieusement pour un débris de l'école où ce digne professeur fouettait les petits Falisques.

A Terni, ce fut une autre fantaisie. J'ai conduit dans ma vie bien des *Forestieri* (étrangers) extravagants. J'ai remarqué que les Français se passionnent en général pour les points de vue, les Allemands pour les bibliothèques, les Russes pour les tableaux, les Espagnols pour les ruines ; quant aux Anglais, ils ont à la fois toutes les manies des autres nations, et y ajoutent les leurs propres. Croiriez-vous que j'ai vu à Ferrare un Anglais qui s'est fait enfermer pour son argent, une nuit dans la prison du Tasse, une autre nuit dans le cachot de Parisina (1) ?

Le curé anglican que je menais à Lorette, avait un autre goût ; c'était celui de voir tomber l'eau. On dit cependant qu'ils ont souvent ce plaisir en Angleterre, et qu'ils tirent le canon, en signe de réjouissance, quand par hasard le soleil se montre chez eux. Mais il faut vous dire que ce n'était pas la pluie qu'aimait tant mon *Inglese*, c'étaient les cascades. La gouvernante me dit qu'il avait parcouru les cinq parties du monde, à la recherche des belles chutes d'eau, et toujours dans la saison pluvieuse, afin de les voir dans toute leur beauté. Mais ce qui fait grand honneur à notre Italie, c'est qu'il avouait que la cascade de Terni lui paraissait supérieure à toutes celles qu'il avait vues. Elle était son objet de comparaison ; il y revenait tous les ans avec un nouveau plaisir, malgré les rhumatismes qu'il avait gagnés à voir partout des chutes d'eau.

Il me fit rester trois jours à Terni, et il passa tout son temps devant la cascade, dans un bon fauteuil, les pieds enveloppés de fourrures, et le reste du corps emmaillotté dans un grand manteau, pour s'abriter un peu de l'épaisse rosée qui réjaillissait autour de lui. Il était dans l'extase de voir tomber autant d'eau : je n'ai jamais vu de *gentiluomo* plus *humide*.

(1) J'ai vérifié moi-même, à Ferrare, cette assertion d'Angelo. Les gardiens des deux célèbres prisons m'ont assuré que le fait était parfaitement vrai. L'Anglais passa ces deux nuits à déclamer les vers du Tasse et de Byron. Un des gardiens me disait en haussant les épaules : *Brutta cosà signor !*

III

Les brigands t'ont-ils arrêté
Sur le chemin tant redouté
   De Terracine?...
Hélas! hélas! tu n'as rien vu.
Oh! comme on dit, temps dépourvu
   De poésie!
Ces grands chemins sûrs nuit et jour,
Sont ennuyeux comme un amour
   Sans jalousie.

Alfred DE MUSSET.

En traversant les Apennins, voilà Éva qui me demande de sa plus jolie voix s'il y a quelque espoir d'être arrêté par des brigands dans ces montagnes.

« Ne craignez rien, *madamigella:* depuis des années je parcours jour et nuit les États Romains, et je n'ai pas vu l'ombre d'un seul brigand; soyez-en sûre, vous n'en trouverez que dans les récits des voyageurs. »

Je croyais lui faire plaisir en la rassurant à ce sujet. Pas du tout. Elle se plaignit hautement à son père de ce que je lui enlevais une de ses plus chères illusions.

« N'est-ce pas, mon père, nous nous faisions une fête de rencontrer ces brigands italiens que l'on dit être si *galantuomini?* Quelle joie d'être arrêtée, et puis de raconter à mes amies d'Angleterre mes aventures des Apennins ! »

L'Anglais, qui était toujours de l'avis de sa fille, déclara, de son côté, qu'il payerait fort cher le plaisir de voir des brigands.

Cela me fit rêver sur mon siége. Le diable, qui ne dort jamais, me soufflait de mauvaises pensées. « Pourquoi, me disait-il, ne les sers-tu pas à leur goût? » J'eus la faiblesse de l'écouter, et vous savez : *Chi a mangiato il diavolo, mangia anche le corne* (1). Avouez aussi, *signor,* que la tentation était forte. A-t-on jamais vu des gens, comme ces Anglais, qui voulaient à toute force être volés?

Bref, j'eus le tort de parler de tout cela à un mien compère, nommé Piétro, qui habite ces montagnes. Il m'engagea fortement à profiter de l'occasion, et, sans attendre mon consentement, il court se déguiser en brigand tant bien que mal, et s'en vient nous

____

(1) On ne mange pas le diable sans en avaler les cornes.

arrêter à lui tout seul, dans ce même défilé de Serravalle que je vous ai fait remarquer tout à l'heure. Il ajusta fièrement la tête de mes chevaux avec le bout d'une escopette sans poudre et sans chien.—A cette vue, grand tumulte parmi mes voyageurs; la gouvernante pousse les hauts cris, l'Anglais lui-même est fort ému et fait semblant de chercher des pistolets qu'il n'a pas; mais ce qui était charmant, c'était de voir Éva, pleine de courage et de gaieté à la vue de son rêve réalisé. Mon compère les fait tous descendre de voiture et mettre visage contre terre, *faccia a terra*. Éva, élevant un peu sa jolie tête, me fit signe et me dit tout bas : « Bon Régulus, ce brigand a une jolie tournure ! s'il me laissait le temps de le dessiner sur mon album, rien ne manquerait à ma félicité. »

J'avais peine à ne pas étouffer de rire; je dis un mot à l'oreille de mon compère, qui se prêta complaisamment au désir de la *signora;* il lui permit de se relever, de s'asseoir sur une roche, et de le dessiner tout à son aise, tandis qu'il se drapait dans son manteau comme un Troyen.

Milordo voulut aussi relever la tête, mais il reçut un bon coup de crosse d'escopette qui le fit remettre à plat-ventre à côté de son gros valet de chambre; je profitai de l'occasion pour distribuer de mon côté quelques vigoureuses bourrades à la gouvernante à demi évanouie. Du reste, mon compère les dévalisa très-honnêtement: il prit seulement leur argent et laissa tout ce qui pouvait leur être utile en voyage. En s'enfuyant, il voulut me donner ma part, mais je la refusai; j'avais déjà des remords de ce que je lui avais laissé faire.

Le père et la fille remontèrent en voiture très-satisfaits de cette rencontre. Éva ouvrait souvent son album et me disait, en me montrant le portrait de Piétro : « Salvator Rosa a fait ainsi ses plus beaux tableaux au milieu des brigands; quel plaisir, de retour à Londres, de montrer cet album à mes amies ! Je ferai semblant de passer ce feuillet. « Quel est ce croquis que vous oubliez? « me diront-elles. — Oh ! ce n'est rien; c'est le portrait d'un fa- « meux bandit qui nous a dévalisés dans une gorge des Apennins. « — Quoi ! vous avez été arrêtés ! » et il faudra leur raconter mes aventures. »

Éva disait tout cela avec tant de grâce et de gaieté ! les volés étaient plus contents que les voleurs. Pour ma part, je devenais de plus en plus triste à mesure que nous approchions de Lorette. Depuis longtemps, j'avais promis à la Madone de ne jamais passer *chez elle* sans faire mes dévotions. A peine arrivé à la *Santa-Casa*, j'allai, bourrelé de remords, me jeter aux pieds du grand pén ncier, pour lui faire ma confession. Il me fit sentir la gravité de mon péché. J'alléguai vainement le proverbe : Qui vole un *Inglese* n'est qu'un demi-voleur ; j'eus beau observer que mes voyageurs m'avaient témoigné le désir d'être volés, et qu'ils en étaient plus joyeux que moi : le saint homme me déclara qu'il n'y avait qu'un moyen de rentrer en grâce auprès de Dieu : c'était de restituer son argent à l'Anglais. Mais comment faire? j'avais refusé ma part du butin, et Piétro avait tout emporté. Heureusement j'eus la bonne chance de trouver mon compère sur la grande place de Lorette; il allait à Ancône offrir l'or anglais à un banquier juif. Je le pris à part, et je le prêchai si bien, en face de la maison de la Madone, qu'il s'attendrit et me rendit tout l'argent, que je m'empressai de porter au vieil *Inglese*.

Je trouvai le père et la fille en train de déjeuner à l'auberge de la *Campana* (de la Cloche). Je leur confessai mon péché en déposant l'argent sur la table.

« Que veut dire cela ? s'écria *Milordo* en colère, homme stupide ! Il fallait me voler sans me le dire ! Tu as bien le cœur de priver ma fille du plaisir de se croire arrêtée par de véritables brigands ! »

Éva était encore plus furieuse que son père.

« Misérable ! sais-tu bien ce que tu m'as fait? Tu m'as dépouillée d'une *impression* de voyage qui m'était plus précieuse que tout l'argent qu'on nous avait pris ; tu arraches une des pages les plus curieuses de mon journal de voyage. Je n'ai plus qu'à déchirer en mille pièces ce dessin que j'avais esquissé d'après ton infâme compère, qui n'est plus pour moi qu'un brigand de comédie..... Va, tu ne comprends rien à la poésie de ton métier; tu nous couvres de ridicule et tu me fais un affreux chagrin ! »

Je vis des larmes de dépit rouler dans ses yeux bleus de ciel ; j'en fus attendri, et j'eus presque regret de la chagriner ainsi ; mais il faut songer au salut de son âme : *Beato il corpo che per l'anima lavora* (1).

Mais comment vous exprimer le *crescendo* de la colère de l'*Inglese*, qui, tout en essuyant les yeux de sa fille, me jetait au nez l'argent que je lui restituais.

« *Birbante !* je t'aurais donné le triple de cette somme pour ne rien dire et ne pas faire pleurer mon enfant !

— Ah ! *signor*, ce n'est pas la bonne volonté qui manquait à mon compère et à moi, mais c'est le père pénitencier qui.....

— Au diable la confession et les confesseurs ! Voilà donc à quo ils servent! Eh bien, mon brave, laisse-là une bonne fois le pape e

___

(1) Heureux le corps pour qui l'âme travaille!

le papisme; tu le vois bien, ta maudite religion ne sert qu'à troubler ta conscience et à te priver d'un gain honnête et bien gagné..... Profite de cette occasion pour embrasser, sous ma direction, le *pur Évangile.* »

‹ Je fis un geste négatif, accompagné d'un grand signe de croix, ce qui exaspéra le curé anglais.

« Va, tu n'es qu'un poltron que la peur de l'enfer fait trembler, et tu oses porter le nom de Régulus ! Est-ce que ton ancêtre, le général romain, allait à la messe? Il est mort en brave, sans prêtre et sans confession.

— Tant pis pour lui, *signor;* mais, moi, je vous déclare à la fin que je ne veux plus descendre d'un païen tel que ce général-là; mes parents étaient tous vieux chrétiens, sans mélange de sang juif ni carthaginois.....

— C'est assez, *malandrino !* Et moi, à mon tour, je ne veux plus de tes services. J'avais retenu ta voiture et tes chevaux jusqu'à Padoue; je te payerai le prix convenu, mais tu ne me conduiras que jusqu'à Ancône, où je préfère m'embarquer pour Venise plutôt que de rester plus longtemps dans ton maudit véhicule !

— *Va bene, signor*, cela m'arrange autant que vous. Je sais que vous adorez l'eau ; vous préférez une barque à mon *legno*, prenez garde que la mer ne se charge de votre cercueil. Pour moi, je suis le conseil d'un ancien qui m'a dit : *Loda il mare, e tienti allu terra* (1). »

Et comme il refusait de reprendre l'argent que je lui restituais, je le jetai par la fenêtre aux mendiants de Lorette attroupés devant l'hôtel, en leur criant : « Voilà ce que le seigneur anglais vous donne, afin que vous priiez la Madone pour lui ! »

Ils poussèrent un cri immense de *Evviva la Madonna !* tandis que l'Anglais furieux se bouchait les oreilles pour ne pas l'entendre.

Le lendemain, je repartis avec mes voyageurs; nous ne nous dîmes pas un mot de Lorette à Ancône, et je maintins si bien la gouvernante par mes regards menaçants, qu'elle n'osa souffler ni ouvrir devant moi ses maudits *libretti.* Éva était sérieuse et pensive au fond de la voiture. Je riais *sotto baffi* (2) de voir, par la portière, l'air renfrogné de *Milordo;* il me rappelait la farce de *Pulcinella* (Polichinelle) enragé de ne pouvoir aller en prison.

—Qu'est-ce que cela? dis-je en interrompant Angelo, dont les récits m'amusaient et que j'excitais à faire des digressions.

<hr>

(1) Vante la mer, et tiens-t'en à la terre.
(2) Je riais sous mes moustaches. Comme nous disons rire dans sa barbe.

— Votre Excellence n'a donc pas vu à Naples le théâtre de *Pulcinella?* c'est une de ses meilleures pièces. Voici le *libretto. Pulcinella* est amoureux fou de la fille du geôlier du château de l'Œuf, à Naples, et il veut à toute force se faire mettre en prison pour revoir la dame de ses pensées. Dans ce but, il s'avise de dévaliser le courrier de Rome ; mais ce courrier lui apporte justement la succession de son père, de façon que Pulcinella n'a fait que se voler lui-même ; il est acquitté par les juges, et ne va pas en prison. De désespoir, il prend une escopette, s'embusque dans un défilé, entre Itri et Fondi, et tue le premier voyageur qui lui passe devant les yeux. Pour le coup, il se frotte les mains, il va aller en prison. Pas du tout, l'homme qu'il a tué est un fameux bandit dont la tête était mise à prix ; on compte à Pulcinella mille piastres, et il est porté en triomphe : il ne peut parvenir à aller en prison. Tel me paraissait l'*Inglese,* désolé de ne pouvoir parvenir à se faire voler.

Parvenu à Ancône, il me paya ce qu'il me devait, mais sans la moindre *buona mano ;* en revanche il m'adressa de nouvelles injures. Je perdis patience, et je lui envoyai pour adieux le souhait populaire en notre Italie : *Iddio te patafia* (1)!

IV

> Vous êtes la voile
> Du pauvre marin ;
> Vous êtes l'étoile
> Du bon pèlerin.
> *Ave, Maria.*
>
> L'homme dans le péril devient religieux ; le flambeau de la philosophie le rassure moins, au milieu de la tempête, que la lampe allumée devant la Madone.
>
> CHATEAUBRIAND. — *Itinéraire.*

Pour se rendre d'Ancône à Venise, l'*Inglese,* qui aimait tant l'eau, nolisa une *péote* (2) appelée *Venezia la Bella,* et dont le patron Orlandino était mon *compadre.*

— Je remarque, Angelo, lui dis-je en l'interrompant de nouveau, que vous avez force compères ; en voilà déjà trois que vous me citez.

---

(1) Que Dieu te donne une épitaphe! Le verbe *patafiare* vient de *epitafio.* De l'italien est venu notre dicton français : *Que le bon Dieu te patafiole!*

(2) Grosse barque vénitienne.

—Et ce ne sont pas les seuls que je possède, signor; voyez-vous, un *compadre* est comme un doigt de la main : j'en ai au moins un dans chaque ville où je passe, c'est indispensable. *Dunque*, mon *compadre* Orlandino, à son retour, raconta toute l'histoire à l'aubergiste de la *Campana*, à Lorette, lequel me l'a redite un mois après. La voici dans toute sa vérité.

Il avait été stipulé que l'*Inglese* serait seul dans la *péote*, avec sa fille et ses gens; mais Orlandino, qui est un rusé Dalmate, avait logé en cachette six passagers à fond de cale, lesquels, une fois le navire en pleine mer, vinrent effrontément respirer l'air sur le pont. L'*Inglese* furieux voulut les faire jeter par-dessus le bord, mais il fut bientôt distrait de sa colère par un événement plus important. On dit avec raison :

Chi si fida di greco
Non ha il cervel seco (1).

Il faut surtout se défier du grec sur mer et du grec sur table (2). Voilà en effet que le vent de Grèce vient à souffler, et fait rage contre le navire; une tempête commence comme par enchantement dans le golfe de Venise : Dieu avait ses raisons pour cela. Malgré son amour pour l'eau, *Milordo* ne savait plus que dire, en voyant le vent contraire s'élever et pousser la *péote* contre les côtes escarpées d'Illyrie. Le patron n'était plus maître que de choisir l'endroit où il ferait échouer *Venezia la Bella*, et il demanda gravement à l'*Inglese* s'il aimait mieux que ce fût sur le sable ou sur le roc; l'insulaire exaspéré s'écria qu'il ne voulait échouer ni sur l'un ni sur l'autre.

« Il faut pourtant choisir, disait froidement Orlandino en mâchant sa cigarette.

— Oh ! si j'avais ici un pilote anglais !

— Croyez-vous qu'il connaîtrait mieux l'Adriatique que nous ? c'est une mer perfide comme une Vénitienne.»

La tempête augmentait rapidement.

«Oh! ma fille, s'écriait l'*Inglese*, que n'avons-nous gardé le *vetturino* ? nous allons périr !

— Mon père, dit Eva en l'embrassant, rappelez-vous qu'étant sur un bâtiment français, dans la traversée d'Alger à Marseille, nous faillîmes aussi périr dans le golfe de Lyon; l'équipage fit un vœu à Notre-Dame de la Garde, et nous fûmes sauvés.

(1) Qui se fie au grec, n'a pas le cerveau sain.
(2) *Greco in mare, greco in tavola.* C'est-à-dire : il faut se défier du vent de Grèce en mer, et du vin grec à table.

—Il est vrai, dit le vieillard.

—Oh ! mais c'était une superstition papiste, observa la gouvernante.

— Qu'importe, dit Eva, si cette superstition nous donne une chance de salut. » Et s'adressant à l'équipage, elle ajouta avec impatience et frayeur : «Priez donc votre Madone !»

Cet avis, donné par une hérétique, surprit tout le monde; ce fut un trait de lumière. Le patron abandonne le gouvernail qui s'est brisé dans ses mains, descend dans la cabine, allume un cierge devant la *Madonina* (1) et se met à genoux devant elle, avec tout son monde et les passagers. Eva s'agenouilla aussi, malgré les observations de sa gouvernante qui remonta sur le pont pour ne pas être témoin de cette idolâtrie. L'*Inglese* resta debout, partagé entre la crainte du papisme et le désir de sauver sa fille à quelque prix que ce fût. On se mit à chanter l'*Ave maris Stella*, et on fit tout haut un vœu solennel à Notre-Dame de Lorette.

A l'instant le vent change, et rejette en pleine mer *Venezia la Bella*, qui touchait déjà sur les rochers d'Illyrie; le temps redevient serein, et on voit en haut du mât comme une nuée lumineuse.

« *Miracolo, miracolo,* » s'écrie l'équipage en se relevant avec transport, et en couvrant de baisers reconnaissants les pieds de la *Madonina.*

Eva se jette dans les bras de son père en s'écriant : Oui, c'est leur Vierge qui nous a sauvés !»

Et le *vecchio*, pleurant de joie, n'eut rien à répondre ; seule la gouvernante s'obstinait à répéter que c'était une jonglerie des matelots italiens, qui étaient bien capables d'inventer tout exprès une tempête pour faire valoir les talents de leur Madone.

Éva voulut aussitôt qu'on tournât la proue vers Ancône, d'où, à peine débarquée, elle partit pour Lorette avec tout l'équipage, empressé d'accomplir son vœu.

Ce fut un beau spectacle, dont je ne pus pas jouir, moi, car j'étais déjà retourné à Rome; mais tout le monde vous dira, à Lorette, combien ce fut touchant de voir la jeune hérétique, un cierge à la main, entrer dans la *Santa-Casa,* suivie du patron et des matelots, tous pieds nus, la tête découverte, chantant l'*Ave maris Stella.*

— Et le vieil Anglais?

— Il suivait de loin sa fille en pleurant, et ne sachant trop ce

____

(1) Petite image de la sainte Vierge qui se trouve dans toutes les barques et les gondoles vénitiennes.

qu'il faisait. La semaine suivante, l'évêque de Lorette reçut l'abjuration d'Éva, qui, avec la permission de son père, est devenue aussi bonne catholique que vous et moi. Sa gouvernante la quitta aussitôt, en déclarant qu'elle n'aurait jamais une *pupil* papiste.

Un mois après, comme je conduisais une famille française à Lorette, l'aubergiste de la *Campana* me conta cette histoire, et me dit qu'il m'attendait avec impatience pour me remettre un paquet laissé chez lui, à mon adresse, par la jeune Anglaise. J'ouvris de grands yeux; l'hôte me conseilla d'ouvrir plutôt la boîte qu'il me présentait. Je me hâtai de le faire; j'y trouvai cette *Madonina*, que je fis bénir à la *Santa-Casa*, et qui, depuis lors, me protège dans mes voyages et éloigne de moi toutes les mauvaises pensées.

A ces mots, Angelo tira du coffre de son siége une boîte d'acajou, où il me fit voir une statuette en bronze de la sainte Vierge, avec cette inscription gravée sur le socle : *Ave maris Stella*. Au fond de la boîte était collé un petit papier, où je lus ces mots, écrits d'une écriture anglaise fine et serrée :

Pel buono vetturino Angelo Attilli,
Discendente de Regolo.

ÉVA.

« Ceci, dit Angelo en souriant, est du bon italien, du vrai langage chrétien; mais voyez plus bas : il y a là deux lignes qu'on ne peut déchiffrer; elles sont peut-être écrites par *Milordo* dans sa langue du diable. »

Je regardai plus attentivement, et je vis que c'était, écrite en anglais, la célèbre réponse que Shakespeare prête à Hamlet :

There are more things in heaven and earth, Horatio,
Than are dreamt of in our philosophy (1).

Telle fut la confession que me fit Angelo Attilli; on trouvera peut-être ses scrupules un peu naïfs, en un temps où l'on s'adjuge si souvent le bien d'autrui sans remords, et sans avoir l'excuse du pauvre *vetturino*, qui savait que ses voyageurs ne demandaient pas mieux que d'être dépouillés par son complice.

---

(1) Le ciel et la terre, Horatio, cachent plus de mystères que n'en rêve notre philosophie.